WENN KINDER STREITEN

Elsa will die Erste sein

Herausgegeben von
LAUREN WHITMAN

Illustriert von
JOE HOX

Die Deutsche Nationalbibliothek verzeichnet diese Publikation in der Deutschen Nationalbibliographie; detaillierte bibliographische Daten sind im Internet über dnb.de abrufbar.

Kleines Lohfeld 6
D-32549 Bad Oeynhausen
verbum-medien.de
info@verbum-medien.de

Übersetzung: Sarah Brugger
Lektorat: Katharina Töws
Satz: Louisa Langstädtler
Druck und Bindung: Finidr, Tschechien

1. Auflage 2026
Best.-Nr. 8652400
ISBN 978-3-98665-400-9
E-Book 978-3-98665-401-6
Hörbuch 978-3-98665-402-3

Solltest du Fehler in diesem Buch entdecken, würden wir uns
über einen kurzen Hinweis an fehler@verbum-medien.de freuen.

»Genauso bilden wir
vielen Menschen,
die zu Christus gehören,
miteinander einen Leib.
Aber einzeln betrachtet sind wir
wie unterschiedliche
und doch zusammengehörende
Körperteile.«

Römer 12,5

Am Seerosenteich schwammen drei Entenküken nicht weit vom Ufer entfernt: Elsa, Emilie und Leo. Nach einem langen Badetag waren die drei Geschwister nun fast zu Hause angekommen. Elsa erreichte als Erste das Ufer. Mit einem kräftigen Flügelschlag sprang sie aus dem Wasser und spritzte dabei ihre Geschwister nass.

»Erste!«, quakte sie.

»Elsa ist immer die Erste«,
schmollte Leo und schüttelte sich das Wasser aus dem Gesicht.

Obwohl die Geschwister alle am selben Tag geschlüpft waren, war Elsa die Älteste von ihnen: Sie war als Erste geschlüpft. Leo war der Jüngste, und Emilie war in der Mitte. Leo hatte recht. Elsa hatte die Angewohnheit, sich vor ihre Geschwister zu drängeln. So wie sie als Erste geschlüpft war, quakte sie als Erste und flog als Erste. Und egal, wie groß die Entenküken wurden, Elsa wollte immer noch in allem die Erste sein.

Leo ging das langsam auf die Nerven.

Mit den Küken in Sicht streckte die Entenmama ihre Flügel weit aus und verkündete: »Ich habe tolle Neuigkeiten! Oma und Opa fliegen her vom Waldteich.«

Die Entenküken schnatterten wild durcheinander. Sie liebten die Besuche ihrer Großeltern. Oma und Opa konnten einfach die besten Geschichten erzählen, fanden die dicksten Käfer und konnten am lustigsten quaken und schnattern.

Sie hatten immer so viel Spaß mit ihnen!

»Ich sammle Beeren für das Abendessen!«, entschied Elsa.

»Ich mache ein Willkommensschild!«, rief Emilie.

»Hmm . . . ich weiß nicht, was ich machen soll«, sagte Leo. Aber eigentlich dachte er darüber nach, wie er es anstellen konnte, Oma und Opa als Erster zu begrüßen. Er wusste nur zu gut, dass Elsa wieder versuchen würde, genau das zu tun.

»Leo, könntest du vielleicht auch Beeren sammeln?
Das wäre eine große Hilfe«, hörte er seine Mama sagen. »Aber zuerst, meine Lieben, muss ich euch noch etwas zeigen!«

Elsa wollte sofort hinter Mama ins Haus, aber Leo drängte sich an ihr vorbei. Fast wäre er dabei auf Mamas Schwanzfedern getreten.

Auf dem Küchentisch stand eine große Kiste. Sie sah schwer aus. Mama war auf dem Markt gewesen. Neugierig schauten die Entenküken auf die Kiste. »Wer errät, was ich hier habe?«, fragte Mama.

»Käfer!«, schnatterte Elsa.
»Nein!«, sagte Mama.

»Würmer!«, rief Leo.
»Fast!«, sagte Mama.

»Nacktschnecken!«, rief Emilie.
»Richtig!«, quakte Mama.

Sie öffnete den Deckel und brachte einen Haufen schleimiger Nacktschnecken zum Vorschein, die in der Kiste herumkrochen.

Als Leo sich nach
dem Leckerbissen ausstreckte,
schob Elsa ihn beiseite und sagte:

»Ich bin zuerst dran!«

»Hey!«, rief Leo. »Hör auf, dich vorzudrängeln. Warum darfst du immer die Erste sein?«

»Weil ich die Älteste bin!«, schnatterte Elsa altklug und schluckte eine große, glitschige Schnecke hinunter.

»Mann, lass mich einfach in Ruhe. Ich mag diese dummen Nacktschnecken sowieso nicht!«, schrie Leo und verließ die Küche.

»Was ist denn hier los?«, rief Mama.
Emilie zuckte mit den Schultern und sah Elsa an.

Elsa grinste: »Ich weiß es nicht, und es ist mir auch egal. Ich nehme Leos Schnecke!« Schon schnappte sie sich die Nacktschnecke und ging mit ihrer Schwester nach draußen, um auf Oma und Opa zu warten.

Leo war bereits draußen. Er sah sehr verärgert aus.
Als Elsa anfing, Beeren zu pflücken, flüsterte Emilie ihrem Bruder zu:
»Leo, vergiss Elsa einfach. Oma und Opa werden bald hier sein.
Schauen wir, dass wir fertig werden!«

Emilie begann an ihrem Willkommensschild zu arbeiten,
und Leo wandte sich halbherzig den Beeren zu.

Er sah, dass Elsa ihren Becher schon fast voll hatte.
Als er nach Beeren für seinen Becher suchte,
fragte sich Leo, warum er nichts, aber auch gar nichts
so gut konnte wie Elsa. Sogar im Beerensuchen war sie besser.
Oh Mann. Sie nervte echt!

Als die Küken ihre Aufgaben beendet hatten und Oma und Opa immer noch nicht da waren, fragte Emilie: »Will jemand mit mir schwimmen gehen, bis sie endlich kommen?«

»ICH!«, riefen Elsa und Leo gleichzeitig. Und natürlich, Elsa rannte flatternd los und ließ die anderen weit hinter sich.

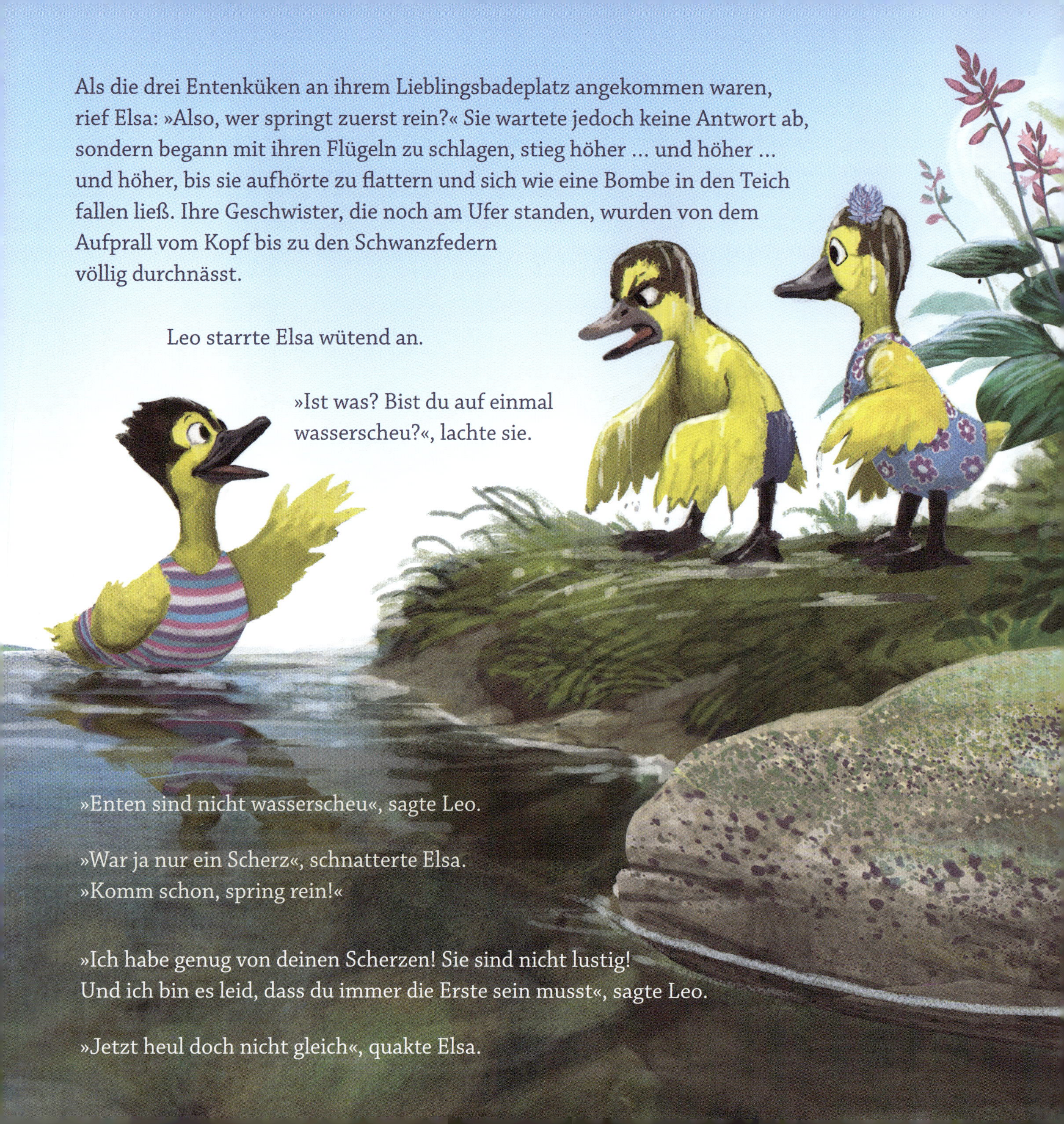

Als die drei Entenküken an ihrem Lieblingsbadeplatz angekommen waren, rief Elsa: »Also, wer springt zuerst rein?« Sie wartete jedoch keine Antwort ab, sondern begann mit ihren Flügeln zu schlagen, stieg höher ... und höher ... und höher, bis sie aufhörte zu flattern und sich wie eine Bombe in den Teich fallen ließ. Ihre Geschwister, die noch am Ufer standen, wurden von dem Aufprall vom Kopf bis zu den Schwanzfedern völlig durchnässt.

Leo starrte Elsa wütend an.

»Ist was? Bist du auf einmal wasserscheu?«, lachte sie.

»Enten sind nicht wasserscheu«, sagte Leo.

»War ja nur ein Scherz«, schnatterte Elsa.
»Komm schon, spring rein!«

»Ich habe genug von deinen Scherzen! Sie sind nicht lustig!
Und ich bin es leid, dass du immer die Erste sein musst«, sagte Leo.

»Jetzt heul doch nicht gleich«, quakte Elsa.

Doch bevor sie weiterreden konnte, entdeckte Leo Oma und Opa am Himmel. Sie flogen noch ziemlich hoch, aber steuerten auf ihren Teich zu. Leo schlug mit seinen Flügeln, hob vom Boden ab und flog steil nach oben.

Dieses eine Mal würde er der Erste sein!

Elsa und Emilie sahen zu,
wie Leo seine Flügel auf und ab schlug.
Er schlug sie ZIEMLICH schnell
und flog ZIEMLICH hoch!

Genau genommen steuerte er direkt auf die Großeltern zu. Das herannahende Entenpaar schnatterte wie wild. Oma quiekte, Opa quakte und Leo kreischte!

Von unten sah man nur einen furchterregenden, wirbelnden Ball aus Füßen, Flügeln und Federn.

»Ich wusste gar nicht, dass er seine Flugprüfung schon bestanden hat«, wunderte sich Elsa.

»Hat er auch nicht!«, riefen Papa und Mama gleichzeitig, die gerade zum Teich gelaufen kamen.

Alle beobachteten, wie das Federknäuel ins Wasser stürzte.

Mehr wankend als watschelnd kämpften sich Oma, Opa und Leo ans Ufer. Es dauerte etwas, bis sie wieder zu Atem gekommen waren.

»Ach du meine Güte!«, keuchte Opa.

»Willst du dich für eine Flugmannschaft bewerben, Leo?«

Betreten quakte Leo etwas Unverständliches.

Mama fragte: »Geht es euch gut? Seid ihr verletzt?«

Papa sagte: »Leo, das war ein ziemlich riskanter Flug, dafür, dass du deine Flugprüfung noch nicht bestanden hast. Wir können dankbar sein, dass niemand verletzt wurde!«

Als die Entenfamilie zum Haus hinaufwatschelte, blieb Leo ein Stück zurück.
Mama und Papa warteten auf ihn.
Mama fragte: »Warum bist du denn alleine so hoch geflogen?«

Leo blickte auf seine Schwimmhäute hinunter und murmelte: »Es ist nicht meine Schuld.«

Papa sagte: »Leo, du weißt doch, dass Fluganfänger nicht so hoch fliegen dürfen. Und was meinst du damit, dass es nicht deine Schuld ist?«

»Es ist Elsas Schuld. Ich habe sie so satt! Sie darf immer in allem die Erste sein! Sie war beim Schlüpfen die Erste, beim Gehen und auch beim Sprechen, einfach IMMER! Heute, da musste sie unbedingt als Erste raus ans Ufer, als Erste eine Nacktschnecke ergattern, als Erste wieder am Teich ankommen. Ich wollte eben nicht, dass sie auch noch die Erste ist, die Oma und Opa begrüßen darf!«

»Du klingst ziemlich frustriert«, sagte Papa. »Ich glaube, ich verstehe, was dich so verletzt. Wir werden mit Elsa reden. Aber wir müssen uns auch über dein Verhalten unterhalten.«

»Es tut mir leid!«, entgegnete Leo kleinlaut.
»Glaubt mir, ich werde nicht mehr so hoch fliegen. Ich hatte solche Angst! Aber Papa, ich weiß nicht, was ich tun soll. Elsa gibt ständig damit an, was sie alles kann, und sie setzt sich immer durch. Du und Mama, ihr sagt doch oft, wir sollen aufeinander Rücksicht nehmen. Aber Elsa tut das nie!
Sie denkt nur an sich selbst.
Ich wollte doch nur einmal der Erste sein!«

»Bist du noch immer schlecht gelaunt?«, fragte Elsa, als Leo und seine Eltern beim Haus ankamen.

Leo starrte sie an.

Papa sagte: »Elsa, das ist nicht hilfreich. Komm, setz dich doch zu uns.«

Elsa machte ein finsteres Gesicht.

Mit Leo an seiner Seite ging Papa zur Veranda hinauf, wo Elsa und Emilie warteten. »Mädchen, die Flugeinlage, die ihr heute beobachtet habt, war beängstigend. Keiner von euch ist erfahren genug für solch einen Flug.

Im Moment sind wir einfach nur froh, dass nichts passiert ist und es allen gut geht. Doch wir haben noch ein anderes Problem zu lösen.«

Papa fuhr fort: »Mama und ich haben bemerkt, dass es für euch drei sehr wichtig ist, wer als Erstes kommt. Ihr kämpft richtig um den ersten Platz. Das bringt viel Streit und schlechte Stimmung mit sich. Das macht uns sehr traurig. Elsa, uns ist aufgefallen, dass du sehr oft die Erste bist. Nicht selten kommt es vor, dass du dafür deine Geschwister herumschubst und unfreundlich zu ihnen bist.«

Elsa verdrehte die Augen. »Na und? Gott hat es eben so gemacht, dass ich als Erste geschlüpft bin.«

»Das ist eigentlich kein Grund, immer die Erste sein zu müssen«, sagte Papa. »Was glaubst du, wie sich Emilie und Leo fühlen, wenn du dich ständig vordrängelst und dann auch noch damit angibst?«

»Woher soll ich das wissen?«, schnaufte Elsa.

»Ich weiß, dass es sich gut anfühlt, der Erste zu sein, und sich über seine Geschwister zu stellen«, sagte Papa. »Ich weiß das, denn auch ich bin ein Erstgeschlüpfter, und ich war genauso versucht, mich über meine Geschwister zu überheben. Es gibt einen Bibelvers, der mich daran erinnert, das nicht zu tun. Stattdessen zeigt er mir, wie ich mich um andere kümmern kann.«

Papa zog einen Zettel aus seinem Hut. »Er steht in Römer 12,5 und lautet so:

Genauso bilden wir vielen Menschen, die zu Christus gehören, miteinander einen Leib. Aber einzeln betrachtet sind wir wie unterschiedliche und doch zusammengehörende Körperteile.

Kinder, was bedeutet das?«

»Heißt das, dass mein Flügel Emilie gehört?«, fragte Elsa mit verwirrtem Blick.

»Nicht ganz«, meinte Papa. »Lasst uns mal nachdenken: Wir kümmern uns um unseren Körper, richtig? Wir essen, schlafen und baden, damit wir stark und gesund sind.

Nun, so wie wir uns um uns selbst kümmern, sollen wir uns umeinander kümmern und Rücksicht aufeinander nehmen. Wenn wir das tun, ist es so, als würden wir uns um uns selbst kümmern – denn wir gehören zueinander. Aber wenn wir einander verletzen, ist es so, als würden wir uns selbst verletzen. Und das macht ja keinen Sinn.«

Wenn einem von euch etwas gut gelingt, können sich alle mitfreuen.

Wenn einer von euch leidet, sollten sich alle um seinen Schmerz kümmern. Weil ihr zueinander gehört, kümmert ihr euch umeinander.

»Was denkt ihr, habt ihr euch heute umeinander gekümmert?«, fragte Papa.

Elsa und Leo sahen sich an und schüttelten den Kopf.

»Ich bin stolz auf euch beide, dass ihr ehrlich seid«, sagte Mama. »Die gute Nachricht ist, dass Gott uns hilft, Dinge wieder in Ordnung zu bringen, wenn wir versagt haben. Wie können wir es denn wiedergutmachen?«, wollte Mama wissen.

»Es tut mir leid, Elsa«, sagte Leo. »Mich macht es wütend, wenn du dich vordrängelst und immer die Erste sein musst. Das verletzt mich wirklich.«

»Mir tut es auch leid. Ich mag es, wenn ich dich und Emilie besiege und besser bin als ihr beide. Aber dabei kümmere ich mich nicht darum, wie es euch geht. Ich hoffe, ihr könnt mir vergeben.«

»Ich vergebe dir«, sagte Leo.

»Ich auch«, stimmte Emilie zu.

Elsa fuhr fort: »Ich bin so daran gewöhnt, die Erste zu sein, dass ich fürchte, ich könnte euch damit wieder verletzen. Aber ich werde Gott bitten, dass er mir hilft. Er kann mich daran erinnern, dass ich Rücksicht nehme und nicht nur auf meinen Vorteil schaue. Ich will lernen, dass ich gewinne, wenn es euch gut geht.«

»Und wir sind auch da, um dir zu helfen«, versicherte Mama. »Gott wird dir Kraft geben. Er hilft uns, das zu tun, was wir alleine nicht schaffen.«

»Können wir jetzt endlich zu Oma und Opa gehen?«, fragte Emilie. Mama und Papa nickten.

Gemeinsam gingen sie ins Haus, wo Oma und Opa es sich schon gemütlich gemacht hatten.

Nach dem Abendessen, als sie alle am Ufer des Seerosenteiches saßen, erzählten Oma und Opa noch einmal die Geschichte ihres legendären Zusammenstoßes.

Oma begann: »Eines Nachmittags, als die Sonne hoch am Himmel stand und die Fische tief unten im Teich schwammen, machten sich zwei Enten auf den Weg zu ihren Enkelküken ...«

Opa schwang sich in die Luft und spielte die ganze Szene nach – mit wildem Gewirbel und lautem Geschnatter. Alle lachten, und ihr lautes Quaken hallte durchs Wiesental.

Kindern helfen, wenn sie streiten

Für uns Eltern ist es sehr schwierig, richtig mit Streit zwischen unseren Kindern umzugehen. Es schmerzt, wenn unsere geliebten Kinder gemein und lieblos miteinander umgehen. Das sollte doch nicht so sein, schließlich sind wir eine Familie und gehören zusammen! Dennoch ist es eine Tatsache: Geschwister streiten sich nun mal. Sie streiten sich oft und häufig auch heftig. Kinder unterscheiden sich darin nicht sonderlich von uns Erwachsenen: Sie streiten mit anderen, weil sie im Grunde selbstsüchtig sind (vgl. Jak 4,1). Sowohl wir Eltern als auch unsere Kinder müssen unsere Herzen immer wieder von Gottes Liebe erfüllen lassen, um anderen in Liebe begegnen zu können. Wie können wir ihnen helfen, Gottes Liebe mehr Raum zu geben? In der Hektik des Alltags schaffen wir leider oft nicht mehr als ein: »Hört auf, euch zu streiten!« Manchmal haben wir jedoch die Möglichkeit, mehr zu erklären. Dann können wir versuchen, unseren Kindern zu zeigen, welches Geschenk Gott ihnen mit ihren Geschwistern machen möchte.

Hier sind sechs Gedanken, die ihr mit euren kleinen Streithähnen teilen könnt. Die ersten drei sind mögliche Gesprächseinstiege.

1 **»Gott hat uns bewusst zu einer Familie gemacht.«** Keiner ist zufällig hier (vgl. Ps 139,16). Gott hat sich etwas dabei gedacht, dass wir alle zu unserer Familie gehören. Er möchte, dass wir lernen, uns gegenseitig zu lieben. Gott ist es sehr wichtig, dass wir liebevoll miteinander umgehen, denn er ist die Liebe, und aus seiner Liebe heraus hat er jeden von uns geschaffen. Jeder Mensch ist für ihn unfassbar wertvoll und ist in seinem Bilde geschaffen. Das bedeutet, dass wir Gott ähnlich sein können. Das sieht man dann am besten, wenn wir uns lieb haben.

2 **»In unserer Familie können wir am besten lernen, andere lieb zu haben.«** Das ist nicht immer einfach, denn wir leben ja miteinander! Wir kennen die nervigen Angewohnheiten und Schwächen der anderen ganz genau und wissen, wie jeder Einzelne seinen eigenen Willen durchsetzen will. Es ist schwer, immer gut miteinander auszukommen! Doch genau dann, wenn es schwierig ist, kann Gott eingreifen und uns helfen, geduldig zu sein, und nicht verärgert. Er hilft uns, mitfühlend zu sein, anstatt es jemandem heimzuzahlen, und freundlich statt böse zu sein. Wenn wir geduldig, mitfühlend und freundlich sind, handeln wir wie Gott. So zeigen wir uns, wie Gott ist und wie sehr er uns liebt. In Epheser 4,32 steht: »Seid vielmehr gütig und barmherzig zueinander. Vergebt einander, wie Gott euch durch Christus vergeben hat.«

3 **»Wir gehören zusammen, und wenn wir uns gegenseitig verletzen, ist das so, als würden wir uns selbst verletzen.«** In der Geschichte bespricht Papa Ente die Stelle in Römer 12,5 mit seinen Küken. Denkt gemeinsam darüber nach, in welchen Situationen ihr diese Wahrheit anwenden könnt. Vielleicht hat euer Sohn mit seiner Mannschaft ein Fußballspiel verloren, während eure Tochter mit ihrem Team gewonnen hat. Ihr wird es wahrscheinlich sehr schwerfallen, nicht mit dem eigenen Sieg anzugeben und ihn dem Bruder unter die Nase zu reiben. Wenn Kinder sich jedoch daran erinnern, dass sie zusammengehören, dann verstehen sie auch, warum Gott sagt: »Freut euch mit den Fröhlichen. Weint mit den Weinenden« (Röm 12,15). Wenn eure Tochter das versteht, geht sie auf den Kummer ihres Bruders ein und nimmt Rücksicht auf seine Gefühle. Bittet eure Tochter, sich in die Lage ihres Bruders hineinzuversetzen: Wie würde sie behandelt werden wollen, wenn sie selbst ein Spiel verlieren würde? Wenn eure Tochter versteht, dass Geschwister zusammengehören, dann wird sie sich um den Bruder sorgen und ihn so behandeln, wie sie selbst behandelt werden möchte. Euer Sohn hingegen, der sein Spiel verloren hat, wird den Sieg seiner Schwester wahrscheinlich ignorieren wollen, weil dieser ihn an die eigene Niederlage erinnert. Doch Kinder dürfen auch lernen, ihren Geschwistern zu gratulieren und sich mit ihnen zu freuen, obwohl sie selbst enttäuscht sind.

4 **Zeigt euren Kindern, wie sie um Vergebung bitten und anderen vergeben können.** Streit schadet Beziehungen. Für gute Beziehungen müssen wir lernen, wie wir nach einem Streit wieder Frieden schließen können. Es ist nicht damit getan, die Streiterei einfach zu beenden. Helft eurem Kind, dem Bruder oder der Schwester seine Sünde zu bekennen. Auf das Bekenntnis darf die Frage folgen: »Vergibst du mir?« Helft dem anderen Kind, klar zu antworten: »Ich vergebe dir.« Diese Worte sind ein kostbares Geschenk, das Kinder einander machen können! Vergebung ist ein Geschenk.

5 **Helft dem Kind, seine Sünden vor Gott zu bekennen.** Bei Punkt 1 haben wir festgehalten, dass es Gott wichtig ist, wie wir miteinander umgehen, weil er jeden von uns liebt. Wenn wir uns aneinander versündigen, sündigen wir auch gegen Gott. Wir dürfen den Kindern zusichern, dass ihnen Gottes Vergebung sicher ist, wenn sie die Sünden bekennen (vgl. 1 Joh 1,9).

6 **Macht eure Kinder darauf aufmerksam, dass Geschwister Freunde fürs Leben sein können.** Alle Eltern wünschen sich, dass ihre Kinder gut miteinander auskommen und lebenslange Freunde werden. Sprecht mit den Kindern darüber, was dafür wichtig ist. Vertrauen und Freundschaft können wachsen, wenn wir einander bekennen, was wir falsch gemacht haben und Streitereien tatsächlich beendet werden. Bekennen, Umkehr und die Gewissheit der Vergebung sind essentiell für unser christliches Leben und unsere Beziehung zu Gott und zu anderen.

Weitere Bücher dieser Kinderbuchreihe für
3- bis 9-Jährige über den Umgang mit Gefühlen ...

Wut

Angst

Unvermögen

Gier

Trauer

Einsamkeit

Gruppenzwang

Leistungsdruck

Eifersucht

Schuldgefühle

Lügen

Gute Nachricht
für kleine Leute